TIKTOK:
POSSO ENTRARE?

Bambini sovraesposti in rete:
insidie, pericoli, conseguenze.

di
Giuliana Della Vecchia

A mio padre,
che ha sempre creduto in me
e
a mia madre,
che continua a farlo.

TIKTOK:
POSSO ENTRARE?

L'idea di scrivere questo libro nasce dal desiderio di porre l'attenzione su un fenomeno oramai diffusissimo: lo sharenting, ossia la pubblicazione di foto e video di bambini sui tanto famigerati Social Network. Nasce inoltre dall'indignazione nel vedere anni e anni da parte di illustri maestri dedicati allo studio psicopedagogico del bambino. Solo per fare alcuni nomi basti pensare a Sigmund Freud, il padre della psicoanalisi, Piaget, Dewey, Bruner ecc. Ognuno di loro ha cercato di comprendere cause e modalità delle dinamiche relative allo sviluppo psicoaffettivo, cognitivo e sociale del bambino sino all'età adulta.

Tutto ciò che oggi siamo, affonda le sue radici al "bambino" che siamo stati. Ansie, paure, depressioni, atteggiamenti: la nostra intera personalità trova spiegazione proprio nell'infanzia. È in questa fase, dunque, che si creano le fondamenta per lo sviluppo della nostra personalità adulta. Tutto inizia da lì, da dove siamo nati, da che genitori abbiamo avuto, da quanto e come siamo stati amati, stimati, accettati. Ciò non vuol essere un manuale di psicologia dell'età evolutiva, men che meno un "prontuario del buon genitore social", ma di sicuro un monito forte e chiaro per far capire che stiamo andando verso una strada indubbiamente angusta e soprattutto verso un processo irreversibile. Parlo di irreversibilità perché bisogna essere consapevoli che ogni errore che commettiamo verso i nostri bambini avrà senza ombra di dubbio ripercussioni in età adulta.

Ansia, stress, attacchi di panico sono oramai un problema diffusissimo soprattutto tra i giovani. Per non parlare del bullismo e, nell'era dei social, del cyber, ancora più subdolo e insidioso. Infine l'aumento dei suicidi in età giovanile, spesso legati a problemi di scarsa autostima e quindi dal non amarsi e stimarsi.

Dell'autostima ne parleremo in maniera circostanziata più in avanti, affinché si comprenda quanto gran parte dei disagi giovanili parta proprio da una scarsa strutturazione di essa. Bisogna comprendere quindi che tutto ciò che viviamo, respiriamo, sentiamo o "subiamo" da bambini costruirà e condizionerà le nostre scelte future. Perché se è vero che il progresso ci ha garantito una vita altamente tecnologica è pur vero che la vita stessa di converso si sia impoverita di valori etici e morali.

C'è un bisogno urgente di interventi psicopedagogici mirati a reindirizzare verso la strada maestra, ovvero quella che pone il "fanciullo" in una posizione privilegiata rispetto all'adulto. Perché il bambino va tutelato e protetto e in questo la legge è molto chiara. Nello specifico mi riferisco a piattaforme dove chiunque può accedervi, creare un account, impostare una telecamera e: ciak si gira! Il video è pronto per essere pubblicato. Nel giro di pochi minuti il bambino sarà esposto alla mercé di chiunque, soprattutto di chi lo offenderà e deriderà in maniera spietata sotto gli occhi talune volte indignati dei suoi genitori, i quali però al tempo stesso saranno complici ed artefici di questo "martirio".

Sharenting

Il fenomeno nato parallelamente alla nascita dei social network vede improvvisamente il proliferare su diverse piattaforme social di video e foto di bambini ritratti e filmati in ogni dove, dalla loro quotidianità al loro tempo libero. Bambini spesso "talentuosi " che senza il loro consenso, perché a questo sono deputati i loro genitori, finiscono su un social mostrando al vastissimo pubblico le loro "performance". Un pubblico però spesso severo, spietato, composto anche da cosiddetti haters (odiatori) che offendono, deridono, bullizzano, non risparmiando quindi nemmeno i nostri "cuccioli". Non a caso utilizzo questo termine, preso in prestito da madre natura. Basti infatti pensare con quanto amore e cura gli animali proteggano i loro piccini.

Ora vuoi per incoscienza, superficialità, scarsa consapevolezza delle insidie presenti nel web, sta di fatto che ogni piccino pubblicato in rete è esposto alla ferocia dei leoni, parlo di quelli da tastiera ovviamente. Essi non sono tali nell'accezione del termine, ma posseggono ferocia e aggressività repressa che sfogano vigliaccamente in questo modo. Non si risparmiano da critiche pesanti, volgari, cattive verso chi, continuo a sottolineare, ne è perfettamente inconsapevole, il bambino ovviamente. Il genitore, invece, in qualità di regista, sceneggiatore, truccatore, talvolta suggeritore, si compiace nell'esibire il proprio figlio appagando molto probabilmente il proprio "ego" e non di certo quello del bambino.

In questo scenario oramai fuori controllo i bambini sono senza ombra di dubbio l'anello debole della catena. Per loro esporsi in foto oppure registrare un video appare come un gioco, si divertono e per di più lo fanno con mamma e papà. Non sanno purtroppo che il gioco al quale partecipano può divenire molto pericoloso. Perché le conseguenze sono molteplici, dagli aspetti lesivi della sfera psicologica, al danno alla loro immagine futura (quando diverranno adulti), ai possibili adescamenti in rete, alla possibilità remota che le loro foto siano "screenshottate" e diffuse su siti di dubbia provenienza.

Questi aspetti a dir poco inquietanti dovrebbero indurre alla riflessione, ad una presa di coscienza e ad una maggiore responsabilità genitoriale. Ci si sta interrogando ancora troppo poco sugli effetti a medio e lungo termine che questi baby influencer si porteranno con loro. Non dimentichiamoci che la sovraesposizione in rete crea lo "storytelling" e cioè una propria identità digitale la quale resterà come un marchio, non sempre gradito, ai futuri bambini. Tracce spesso indelebili che andranno a creare una sorta di storia digitale. Quelle immagini goffe, divertenti, quei video tanto esilaranti visti con gli occhi di un bambino diventeranno oggetto di derisione e scherno quando crescerà. Perché dobbiamo esimerci dal rispettare il bambino, alla stessa stregua di come si fa con un adulto?

Ma chi sono questi bimbi?

Per gran parte dei casi si tratta di bambini talentuosi che diventano delle vere e proprie piccole star. Ma chi c'è dietro? Quale scopritore di talenti? I genitori ovviamente, ai quali basterà aprire un profilo social e pubblicare foto e video dei propri "bambini prodigio". Molti di questi perfettamente disinvolti e a proprio agio dinanzi a videocamere e microfoni. Vi assicuro che se curiosate un po' nelle piattaforme social più in voga vi troverete ogni genere di "bimbo star". Dall'ambientalista che già da piccino ha il sogno ambizioso di voler salvare il pianeta, al piccolo nutrizionista che se pur con grande sacrificio vi dirà che la nutella fa male. Per non parlare di talentuosi cantanti, ballerini e poi maghi, giocolieri, sportivi, opinionisti e tanto altro ancora.

Ecco che il bimbo star viene catapultato nel web e di lì a poco esposto al giudizio della rete. Ovviamente di questi giudizi non sempre magnanimi il bambino non ne è al conoscenza, essendoci alle spalle un genitore pronto a "nascondere" un commento negativo e ad oscurare ogni forma di critica. Ma, ahinoi, non sempre è così e qui casca l'asino e casca di brutto! Girano video in rete dove bambini di 10-12 anni, un'età in cui comprendono e anche bene, sono in compagnia di genitori i quali commentano in sua presenza le offese che il piccolo ha ricevuto. Cioè, ma ci rendiamo conto? Espongono il loro bimbo alla critica ed al giudizio scellerato di chi senza pietà lo offende e lo deride. Commenti spesso offensivi legati anche a qualità fisiche. Genitori inebetiti che esordiscono così:

"Hai visto a papà dicono che sei brutta? Che sarebbe meglio che non ti mostrassimo più?".

E poi lo stesso genitore a favore di telecamera, con il viso intriso di dolore, che si rivolge al suo haters e gli dice:

"ma cosa ti ha fatto mia figlia? Perché le dici che è brutta?".

Tutto ciò avviene durante la registrazione del video e sotto gli occhi smarriti ed increduli della bimba in questione. La piccola accenna un sorriso amaro, un amaro che resterà probabilmente scalfito dentro di lei per sempre. La piccina ha subìto la vergogna che però non ha esternato per non deludere i suoi genitori ma quel commento infelice le resterà appiccicato addosso chissà per quanto tempo.

Proviamo ad immaginare la vita di questa bambina, di Francesca (nome di fantasia) tra una decina di anni. Senza ombra di dubbio una ragazzina insicura, forse ansiosa, certamente alla ricerca spasmodica della bellezza e perfezione. Quel giudizio che ha vissuto da bambina peserà sullo sviluppo della sua personalità più di quanto si possa immaginare. Francesca forse non si sentirà mai accettata, si misurerà con canoni di bellezza non sempre raggiungibili. La Francesca adulta forse soffrirà di attacchi di panico e quasi sicuramente di ansia sociale perché quel "quanto sei brutta!" non se lo toglierà più dalla testa.

Ritratto del genitore social

Il fenomeno dello sharenting è esploso parallelamente all'avvento dei social network, quando tutto a un tratto è diventata per molti irrefrenabile la smania di condividere foto e video dei propri bambini. Un po' tutti sono stati contagiati dal desiderio di voler apparire e non hanno risparmiato anche i più piccoli. Ad un tratto la rete è stata invasa da milioni e milioni di bambini di ogni nazionalità, ceto sociale, appartenenza. Eccezion fatta per coloro i cui genitori non hanno optato per questa scelta. Questi ultimi hanno preferito relegare a loro stessi e pochi intimi l'album di foto del proprio bambino.

Partiamo innanzitutto col dire che molti genitori che pubblicano in maniera ossessiva foto e video dei propri bambini forse, senza nemmeno accorgersene, stanno proiettando sui loro figli ciò che avrebbero voluto essere e non sono diventati. A questo punto molti di voi dissentiranno, proveranno fastidio e dopo questa affermazione probabilmente chiuderanno il libro. Bene! Perché se così fosse vuol dire che si è fatto centro!

Mi rendo conto che riflettere su questo, che guardarsi con introspezione e soprattutto con onestà intellettuale non sia semplice. Ma talvolta riconoscere un errore può essere salvifico, può farci arretrare da alcune condotte che fino a poco prima ritenevamo giuste. Cambiare idee, pensieri, gusti, prospettive è per menti eccelse. Sono i mediocri coloro i quali invece restano fissi e fermi sulle loro posizioni e questo teniamolo bene a mente.

Tornando quindi ai bambini in questione, loro appaiono spesso estensione dei loro genitori. Significa quindi che mamma e papà inconsapevolmente trasferiscono sui loro cuccioli i loro sogni mai realizzati. Mamme che sognavano di diventare ballerine, papà che invece ambivano a diventare calciatori, che consegnano ai propri bimbi un tutù ed un pallone. Ma forse quella bambina vorrebbe giocare a calcio ed il maschietto invece sogna un giorno di poter danzare alla Scala di Milano. Non pochi quei bambini che vivono pertanto la frustrazione di dover assecondare le aspettative del proprio genitore e di vivere una grande sofferenza laddove non riescano a soddisfarle. Antepongono pertanto i sogni dei genitori ai propri. C'è bisogno di un maggiore ascolto verso i più piccoli, di una maggiore attenzione a quelli che sono i suoi naturali talenti, le sue piccole aspirazioni.

Non sempre il figlio di un musicista amerà la musica, così come non è una costante ereditare doti pittoriche. Non sempre si eredita geneticamente il sogno o l'ambizione di un genitore. Quello non è un carattere ereditario e non dobbiamo farlo passare per tale. Ogni bambino ha una propria unicità che va rispettata e fatta germogliare in tempo di fioritura. Perché l'ego di un genitore non può e non deve ossessionare la vita del proprio bambino soprattutto quando è piccolo e non ha ancora sviluppato il proprio. È proprio durante l'infanzia che il bambino comincia a costruire e strutturare il "proprio sé" e lo fa attraverso le relazioni con il mondo esterno. È facile intuire, dunque, quanto questa fase sia delicata e determinante per un sano sviluppo psicoaffettivo.

L'idea che un bambino durante l'infanzia anziché rapportarsi con un gruppo dei pari, interagire con essi, esprimere la propria unicità, si confronti con un mondo di "amici immaginari" che con un lire in su ti fanno una carezza e con un pollice in giù ti tirano uno schiaffo appare veramente inquietante. Durante quindi lo sviluppo del suo "sé" le interazioni con gli altri sono di fondamentale importanza, in quanto permettono al piccolo di crearsi una propria identità. Parte di questa però si svilupperà per "imitazione" e quindi il bambino diverrà un arguto osservatore dei comportamenti altrui, in primis quelli dei genitori.

L'unità di misura:

Ma qual è l'unità di misura che viene utilizzata per capire se il proprio figlio è davvero un talento social? Il numero dei cosiddetti "followers", i seguaci. E che cosa non farebbe un genitore per averne una manciata in più? Per non parlare dei likes (mi piace) a conferma che il suo "bimbo star" ha oramai spiccato il volo. È ovvio che per far crescere il numero di seguaci bisogna impegnarsi e pure tanto, quindi dover pubblicare costantemente foto e video di ogni performance possibile, sponsorizzare contenuti.

Ognuno ovviamente nella propria "specialità" che può essere anche semplicemente una scena di vita quotidiana dove si mostra il proprio bambino (evidentemente molto loquace e simpatico) mentre mangia, gioca, dialoga, guarda la tv. Ovviamente da fare da cornice ci sono poi le cosiddette "esterne" ossia video girati mentre si va a scuola, al mare, in montagna, persino al ristorante per mostrare ai propri followers come così piccino già sappia impugnare perfettamente una posata. Non mancano ovviamente i "campioni": piccoli calciatori ripresi durante un goal oppure una parata spettacolare. Per le bimbe ovviamente c'è la danza soprattutto quella latino-americana, dove si mostrano nel loro indiscutibile talento.

Insomma il panorama di piccoli artisti è davvero variegato e non ci sarebbe nulla di male se tutte queste performance restassero relegate ad un ristretto pubblico composto da parenti ed amici. Il problema nasce, ribadisco, nel momento in cui il pubblico sovente è fatto di persone spietate, ciniche ed insensibili, le quali senza ritegno commentano nel peggiore dei modi. Ma volendo analizzare ancor meglio questa dinamica, dobbiamo considerare che anche la critica più spietata può servire. Voi vi chiederete in che modo, ve lo spiego: ogni commento negativo è proporzionale al numero di commenti che ne seguono, questo porta inevitabilmente ad una maggiore notorietà della "pagina" in questione. E già, il commento di un hater scatena delle vere e proprie "guerre "sul Web!

Ci sono ovviamente tutti coloro che partono in difesa del piccino deriso oppure offeso. Commenti soprattutto di altri genitori che si coalizzano tra loro nel sostenere quanto sia ingiusto e intollerabile quel commento. Tutti coesi nel difendere genitori e bambini in un meccanismo perverso, perché quel bambino lì non ci dovrebbe proprio stare! Perché già sono così tante le insidie di questo mondo malevolo da cui dovere difendere un bambino che "andarsela a cercare" appare dissonante.

Bullying for children

Diciamolo apertamente: ciò che accade in rete nei confronti di molti bambini è palesemente una forma di bullismo. La cosa grave è che spesso accade sotto gli occhi inermi degli stessi genitori e qui mi fermerei per qualche riflessione. Il bullismo come in molti già sanno è una forma di violenza che può essere fisica o psicologica perpetrata nel tempo verso taluni soggetti.

Del fenomeno oramai così dilagante se ne parla ai telegiornali, nei talk show, nelle scuole, ecc. Proprio in queste ultime ne facciamo una battaglia personale. Io, in qualità di docente in una scuola secondaria di primo grado, vi assicuro che su questo tema spendiamo intere ore di lezione. La scuola oramai da anni si batte contro ogni forma di violenza, prevaricazione e discriminazione. E lo fa con enfasi e passione, portando avanti il principio secondo il quale nessuno ha il diritto di prevaricare sull'altro, che la violenza è la strada percorsa dai vili e che quindi il bullismo è un "mostro" da sconfiggere. Ogni giorno nelle nostre aule minuziosamente monitoriamo i nostri alunni per non lasciarci mai sfuggire il più piccolo campanello d'allarme. Di bullismo ne parliamo non solo nella giornata mondiale ad esso dedicata, ma costantemente durante l'intero anno scolastico. Lo facciamo nelle aule, nelle palestre, nei laboratori, in mensa. Invitiamo i nostri alunni a riflettere sul come e sul perché questo fenomeno ancora stia dilagando nonostante se ne parli in continuazione. Li sollecitiamo a parlare con noi in qualunque momento dovessero trovarsi in una situazione del genere, di fidarsi e di non esitare mai a confidarsi senza aver paura. In questo trasmettiamo in loro l'idea che non sono soli e che ci sarà sempre qualcuno pronto a difenderli. Perché il bullismo è una cosa seria e i genitori lo sanno! Ecco perché dovrebbero riflettere non una ma cento volte prima di sovraesporre il loro bambino alla "gogna social".

È inaccettabile e rischioso più di quanto si pensi, perché se le ferite di un pugno o di un calcio sono visibili e col tempo curabili, quelle psicologiche non lasciano tracce percepibili al momento. Esse sono silenti, invisibili ad occhio nudo ma laceranti e dolorosissime per l'anima. Certamente anch'esse potranno curarsi, ma con tempo e fatica e quasi mai senza l'ausilio di una psicoterapia. Pensare che il proprio bambino sia forte, che non resti minimamente scalfito dalle critiche perché magari ci ride anche su è un errore madornale. Quel bambino sta soffrendo e il fatto che non lo manifesti col pianto ma si nasconda dietro un sorriso deve destare ancora più preoccupazione. E se tutti siamo concordi nel dire "stop al bullismo!" dobbiamo essere anche coerenti con ciò che propiniamo ai nostri figli e in cui li coinvolgiamo.

Il caso Aurora Ramazzotti

Ho scelto a caso Aurora, nota figlia di due grandi artisti Eros Ramazzotti e Michelle Hunziker, non solo per la sua notorietà ma per il "caso mediatico" che ne è scaturito. Aurora sin da bambina è stata sempre sovraesposta, in quanto figlia di due celebrità. Fotografata sin da piccina, è apparsa su numerosissime copertine di giornali. Un eventuale opinione negativa un lettore l'avrebbe tenuta per sé o al più condivisa con i suoi amici. Ma poi Aurora è cresciuta e si è iscritta ad un canale social continuando ad esporsi, questa volta per sua scelta. Di lì a poco è partito in attacco l'esercito degli haters, i quali l'hanno offesa nei modi più svariati. Oltre al contestarle scarse doti artistiche, l'attenzione dei haters si è focalizzata principalmente sui continui paragoni tra lei e sua madre, esprimendo uno spietato disappunto sul fatto che non somigliasse a lei, che fosse più brutta e tanto altro.

All'indomani, ogni testata giornalistica o trasmissione televisiva parlava di lei, del fatto che venisse ingiustamente bullizzata e di come questo fenomeno fosse inarrestabile. Ovviamente parliamo di Aurora, di una donna perfettamente consapevole del fatto che esponendosi sarebbe incappata nel giudizio di chiunque. Per di più, essendo adulta possedeva gli strumenti interiori per difendersi e superare questi episodi. Ma nonostante ciò ne ha sofferto molto, come lei stessa ha poi ammesso.

Intanto di lei se ne è parlato per tanto tempo, ci si è interrogati sul perché di tanto accanimento verso una persona, sia essa Aurora Ramazzotti o anche la comune ragazza di quartiere. Ci si è spinti fin anche a tracciare un possibile identikit psicologico dell'hater, di cosa lo spinga a comportarsi così, di quale piacere provi a far del male a qualcuno che nemmeno conosce. Ed è stato bello vedere con quanto ardore si sia discusso di questo fenomeno e di quante persone, siano esse vip oppure no, si siano schierate a giusta ragione in difesa della Ramazzotti.

E i bambini? E tutti quei bambini che girano in rete attaccati ogni giorno sotto l'occhio inerme dei propri genitori? Perché di loro se ne parla così poco? Perché non vedo ancora trasmissioni dedicate a questo tema? Perché i telegiornali non ne parlano? Beh, forse perché il fenomeno è ancora preso sotto gamba. Mi conforta però sapere che la bella, simpatica e giudiziosa Aurora Ramazzotti ci fornisce lei stessa la risposta. Da poco diventata mamma ha deciso di non "pubblicizzare" il suo bimbo sui vari social ...sarà un caso? Brava Aurora!

Come si mantiene il successo in rete

Così come avviene per attori, ballerini, artisti, i quali vivono la propria vita cercando di conservare ed aumentare il proprio successo, allo stesso modo i genitori di questi bambini investono tempo, energie e spesso anche denaro per far in modo che la notorietà delle piccole star accresca sempre più. Perché, come per ogni divo/a che si rispetti, c'è bisogno di tutta una serie di accorgimenti e cure, con una vera e propria squadra che lavora dietro le quinte. Di certo non mancano anche i "fai da te" ma il più delle volte i bambini in questione appaiono perfettamente vestiti, pettinati e talvolta anche truccati. Mi riferisco ad esempio alle "donne bambine", così come recitava la canzone dell'omonimo film. Se ricordate la trama di "Bolle di sapone" del geniale Carlo Verdone, la protagonista era una allora quindicenne Sandy la quale, sebbene troppo giovane per compiacere una madre di quelle da TikTok, era diventata una modella di fama mondiale. Questa madre, quindi, proiettava sulla propria figlia tutto ciò che forse avrebbe voluto realizzare lei da giovane ma che non era riuscita a fare.

L'emblema del film risiede proprio nella frustrazione da parte della ragazza nel non riuscire a rifiutarsi ad una madre che, senza apparentemente imporglielo, le ha quasi indottrinato l'idea che fare la modella sia la sua strada. Senza soffermarsi troppo sul cercare di capire se fosse questo il desiderio della ragazzina. Appare chiaro allo spettatore quanto, negli occhi di Sandy, trapelasse tutto il malcontento verso quella vita, quanto soprattutto i suoi occhi esprimessero tristezza e malinconia. Perché Sandy è una giovane donna che sta appena sbocciando e che, piuttosto che stare su un set fotografico, avrebbe solo voglia di mangiare un panino con gli amici o scorrazzare su una moto in città. Ecco, questo è esattamente ciò che avviene attualmente sui social e di Sandy se ne trovano tante, purtroppo.

Poco più che bambine truccate perfettamente, con abiti talvolta succinti che su tacchi altissimi (che sanno già indossare a perfezione) ballano, cantano, recitano. Oramai i social sono diventati un "Amici di Maria De Filippi" senza freni, con provini perpetui che non finiscono mai, nutriti dalla speranza che il proprio figlio diventi popolare e magari approdi anche in tv. Ed è proprio in questa ottica che un genitore perde di vista il proprio ruolo, perché un conto è assecondare un talento ed è sacrosanto farlo, altro è trasmettere al bambino la ricerca spasmodica del successo.

Come recita la canzone di Morandi "uno su mille ce la fa", ma noi è degli altri novantanove che dovremmo preoccuparci. Di tutti quei bambini che, dopo avere speso ore di prove prima di una performance ed aver vissuto una fortissima ansia da prestazione vedranno, alcune volte, infrangersi il loro sogno in una manciata di minuti. E già, perché dalla pubblicazione del video ai riscontri (siano essi positivi o negativi) il passaggio è velocissimo. Visualizzazioni e relativi like sono pressoché immediati. E dire che per un provino serio di quelli diciamo "in presenza" c'è quanto meno un "le faremo sapere" che permette al candidato di avere un po' di tempo per smaltire lo stress accumulato, di vivere l'attesa di una risposta, sia essa negativa o no. Invece in rete è tutto superveloce, in tempi brevi o si diventa una star oppure si è messi alla gogna mediatica. E se è vero che un insuccesso talune volte può far credere, può essere da stimolo per fare meglio in futuro, è pur vero che il bambino non sempre riesce ad elaborarlo in maniera appropriata.

Dell'insuccesso scolastico si lavora da anni e lo si fa costantemente affinché i nostri bambini lo possano vivere serenamente. Perché a scuola un voto brutto ci sta, ma non potete immaginare con quanta cautela, responsabilità ed accortezza lo si affronta. Perché a scuola sappiamo bene che una bocciatura può fare la differenza nella vita di un alunno. E allora noi con quell'alunno lavoriamo il quadruplo, affinché non arrivi a doverlo vivere quell'insuccesso. Sia esso scolastico, sportivo o altro, la si vive pur sempre come una sconfitta che, in un bambino non ben strutturato, graverà ineluttabilmente sulla sua autostima. Solo che mentre una performance scolastica dura 10 mesi (la durata di un anno accademico) ed in questo lungo lasso di tempo si ha modo di accompagnare, supportare e monitorare l'alunno, nel web le prove sono tante e i giudizi all'ordine del giorno. In rete non c'è il quadrimestre ma anche un'ora può fare la differenza.

Sull'autostima

È la parola stessa ad esplicitarne il significato, è la stima di sé, è il valore che noi stessi ci diamo. Essa comincia a strutturarsi sin dalla più tenera età ed è quindi strettamente correlata al giudizio al quale inevitabilmente siamo sottoposti sin da piccoli. Basti pensare a tutti quei "bravo" o "bello" che abbiamo ricevuto, oppure a quei "stupido buono a nulla" con cui abbiamo dovuto fare i conti.

L'autostima è direttamente proporzionale quindi ai successi/insuccessi vissuti, alle vittorie/sconfitte, agli elogi/mortificazioni subiti, a tutte le volte in cui si sono complimentati di una qualche nostra impresa oppure ci hanno detto, spesso crudelmente, di essere degli incapaci.

Molti di voi staranno pensando di non essere suscettibili al parere degli altri e questo un adulto ben strutturato può anche asserirlo. Ma altresì bisogna riconoscere con un po' di onestà che la critica negativa non piace a nessuno e che, se anche non ci lede profondamente, ci crea sempre un po' di disagio. Essa va a toccare quella parte di noi che resta sempre un po' vulnerabile. Ad ogni modo per un bambino il discorso è completamente differente.

Facciamo conto che l'autostima sia fatta di tanti mattoncini posti l'uno sull'altro e che il bambino per ogni successo o approvazione da parte di qualcuno ne aggiunga uno e che alla stessa maniera per ogni insuccesso o giudizio negativo, invece, lo tolga. Nel corso della sua infanzia, in quella fase tanto delicata in cui sta costruendo quel muro di mattoni, lui debba più spesso demolirlo anziché edificarlo. Ordunque quel muro metaforico che evidentemente rappresenta una sorta di barriera protettiva, laddove riceva critiche o mortificazioni dall'esterno, se non è abbastanza elevato lo lascerà sprovvisto di protezione. Di conseguenza, tutte le volte in cui sarà esposto ad una critica più brutale non avrà gli strumenti per elaborarla o quanto meno renderla costruttiva.

Divenuto vulnerabile sotto questo profilo continuerà a demolire quel muro e ancor peggio, allorché dovessero arrivare anche i successi, lui quel mattoncino non lo metterà più perché oramai si sarà convinto di non esserne all'altezza.

Queste convinzioni, oramai inevitabilmente radicate, condizioneranno tutte le aree della sua vita, da quella lavorativa a quella sentimentale ecc.. L'insicurezza che si porterà dentro la trasmuterà all'esterno, essendosi convinto di essere uno stupido camminerà in maniera un po' goffa, il tono della sua voce sempre molto basso affinché non si sentano bene le idiozie che dice. Un adulto quindi insicuro del suo valore e delle sue potenzialità, un individuo destinato nella vita a doversi accontentare, non perché non possa avere di più, ma per il semplice fatto che lui stesso non ci creda. Al di là di ogni ragionevole dubbio, i primi ad averglielo fatto credere sono stati mamma e papà ed un bambino gli crede incondizionatamente, non lo dimentichiamo. La cautela quindi è d'obbligo, perché il mattoncino dell'autostima può veramente fare la differenza per la vita futura dei più piccoli.

Sul giudizio

Spesso, durante il corso della nostra vita ci sentiamo insicuri, dinanzi al superamento di una prova, di un esame o, più in generale, quando dobbiamo prendere una decisione. Crediamo di essere timidi ed in fondo lo siamo, ma la stessa timidezza è figlia di "quel giudice severo" che portiamo dentro di noi come un fantasma. E quel giudice sempre presente, ogni qualvolta dobbiamo affrontare un percorso nuovo ci manda segnali inequivocabili che lui c'è, che non ci molla. Palpitazioni, rossore alle gote, tremolio della voce, sono tutti segnali che stiamo vivendo nel terrore dell'approvazione altrui. E che sia essa una prova scolastica, sportiva o un colloquio di lavoro, per noi rappresenta sempre una montagna da scalare.

Altresì, la paura dell'essere giudicati può spesso indurci a rinunciare a qualcosa senza averci nemmeno provato. Ci precludiamo la possibilità di sostenere una prova per due motivi: la paura del giudizio e la scarsa stima di noi stessi.

Questo stato d'animo si trasforma ineluttabilmente in ansia sociale, pertanto ci si sentirà inadeguati e non all'altezza. Si metteranno in atto tutti i meccanismi possibili pur di evitare il giudizio degli altri, fino a rinunciare alla prova stessa.

Chi soffre di ansia sociale vivrà nell'ombra, cercherà il più possibile di non esporsi, eviterà di essere al centro dell'attenzione, preferirà stare sempre in ultima fila, sempre un po' nascosto. Scambiata erroneamente per timidezza, questa patologia non viene individuata facilmente, il che può portare ad una diagnosi e relativa risoluzione tardiva. In futuro, quindi, potrebbe soffrire di tale disturbo proprio il bambino che invece anni prima sembrava tanto disinvolto dinanzi ad una telecamera. Il fatto di essere stato sottoposto prematuramente al giudizio e alla continua ricerca dell'approvazione altrui, ora ha innescato l'effetto inverso.

È alquanto probabile che i bambini di oggi, sovraesposti in ogni modo e sottoposti a giudizi continui, saranno quegli adulti. Perché così come una volta diventati grandi ricordiamo l'amore, la tenerezza e tutte le belle cose che abbiamo ricevuto, alla stessa stregua terremo bene a mente tutta quella disapprovazione che abbiamo vissuto. Questi bambini cresceranno e i loro genitori si chiederanno: "ma come mai mi dicono che a scuola quando viene interrogato fa scena muta?" Eppure ha studiato!"

Alla Marzullo... fatevi una domanda e datevi una risposta!

L'invidia sociale

Non possiamo fare a meno di entrare nel vivo di questo argomento, figlio dei tempi che mutano. In latino invidere significa "guardare storto", per cui invidiare qualcuno significa "ti guardo male perché hai qualcosa che io non ho e ne sono geloso". L'invidia è diventata sociale nel momento in cui, con la diffusione dei social network, il privato ha lasciato posto al pubblico, tutto si vive in rete e sono poche le cose che restano private. La bramosia di "apparire", di "mostrarsi", ha contagiato quasi tutti esacerbando di conseguenza il dover inseguire canoni di bellezza, ricchezza, riconoscimento sociale non sempre raggiungibili. Perché è pressoché naturale che manchi sempre qualcosa.

C'è chi è ricco ma non ha l'amore, chi ha quest'ultimo ma non la casa a San Moritz oppure chi ha ambedue ma non gode di ottima salute. Insomma, saremo sempre deficitari di qualcosa ed è in questa frustrazione che si annida e si sviluppa l'invidia. È come se vivessimo in una sorta di imitazione a catena della vita "altrui" e che l'erba del proprio vicino appaia sempre più verde. E se, come dice un proverbio napoletano, "ogni scarrafone è bello a mamma soia", è pur vero che le mamme ed i papà di oggi siano un po' troppo esasperati da questi modelli. Il proprio bambino quindi dovrà essere il più bello, il più bravo, il più precoce, il più geniale. E proprio sul talento, qualora madre natura non ne avesse donato alcuno, no problem: lo si crea a misura di social!

Nulla placa il desiderio di voler mostrare il proprio piccino pur di uniformarsi agli altri. Ed in questo contesto il bambino crescerà anch'egli con l'idea che se non avrà il telefonino di ultima generazione nessuno lo considererà, se non avrà una scarpetta o una felpa firmata non lo riterranno fico e via discorrendo. Un'invidia sociale formato baby che, sedimentandosi, crescerà in maniera esponenziale. Una società dove al bambino stiamo passando un messaggio distorto del tipo: "Dimmi che cellulare hai e ti dirò chi sei!". Come se questi fossero diventati dei requisiti necessari per l'approvazione altrui.

Il Riscatto

Nonostante al giorno d'oggi si stia diffondendo in maniera esponenziale codesta invidia sociale, è altresì vero che, di converso, stia crescendo un forte bisogno di riscatto. I social network hanno fornito a molte persone gli strumenti per potersi "inventare" un personaggio, acquisire notorietà e godere quindi di fama e successo e (perché no?) di guadagnarci anche un po' di denaro. Molti tiktoker famosi che vantano milioni di seguaci, sono partiti dal nulla, molti di loro non sono veri e propri artisti, ma ne hanno la velleità. Hanno aperto un profilo social, cominciato a pubblicare contenuti e hanno costruito il proprio piccolo impero. Per molti di loro tutto ciò ha rappresentato una vera e propria rivalsa, dall'essere persone qualunque ad essere riconosciuti per strada, amati, acclamati dal loro pubblico come fossero dei guru.

Oramai quella del tiktoker è una professione a tutto tondo, un lavoro impegnativo che richiede impegno e dedizione.

Fatta questa premessa introduttiva, torniamo ai più piccini. Anche loro divenuti baby tiktoker, anch'essi con la loro schiera di followers composti anche da odiatori seriali. Abbiamo sottolineato ampiamente quanto gli haters non risparmino nemmeno i più piccini. Ma, mentre i più piccoli non provano alcun sentimento di invidia verso gli altri, per molti genitori non è così. La smania di voler competere induce i genitori a gareggiare tra loro per chi ha il bimbo più bello, simpatico, intelligente, talentuoso.

Per onestà di cronaca dobbiamo riconoscere che la competizione tra genitori è sempre esistita, basti pensare alle recite scolastiche, alle gare, dove da sempre ogni mamma o papà desiderano vedere il proprio figlio in prima fila, oppure vincitore del trofeo in palio. Oggi, però, è tutto più amplificato. Le competizioni sui social sono quotidiane ed il pubblico è numericamente molto più imponente. Forse il piccino non ha contezza della moltitudine di persone che lo guardano, ma da grande comprenderà che la sua foto buffa è arrivata ad essere guardata anche oltre oceano, perché la rete è sconfinata ed un contenuto social può arrivare ovunque.

L'enfasi di sovraesporre il proprio bambino

Cerchiamo di comprendere cosa spinge mamme e papà a mostrare con tanta frequenza ed assiduità il materiale video-fotografico del proprio bambino. A tutti i più audaci ed impavidi che hanno continuato la lettura dico che non sempre si è pronti a confrontarsi con alcune parti di sé. Dunque, chi ha reagito con fastidio alle precedenti asserzioni va compreso. Ci vuole coraggio, introspezione e onestà intellettuale per guardarsi dentro, per porsi alcuni interrogativi. Inoltre, ognuno ha i suoi tempi ed essi vanno rispettati. Talvolta si è talmente invischiati in certe dinamiche che non risulta semplice consapevolizzarle. È altresì vero che, qualora un genitore non si soffermi a porsi taluni interrogativi, rischia di creare una sorta di dissonanza emotiva tra sé ed il proprio bambino.

In altre parole crea un divario tra se stesso ed il suo piccino, diventa sordo dinanzi alla sua "voce interiore", amplificando solo la propria. Rischia, infine, di trasformare il proprio piccino in un amplificatore dei suoi "sogni nel cassetto". Il bambino per naturale conseguenza diverrà estensione dei propri genitori, incarnandone desideri ed ambizioni, anteponendoli ai propri. L'autodeterminazione dei piccoli sarà pertanto compromessa, il bambino, in questa diatriba tra i propri desideri e quelli di mamma e papà, vivrà altresì sofferenza e frustrazione. Pertanto se da un lato cercherà di rispondere alle aspettative che i genitori hanno proiettato su di sé, dall'altro soffocherà e reprimerà quelle che invece sono le sue. Alla luce di quanto detto il quesito da porsi è uno: sto davvero assecondando i talenti naturali del mio bambino?

Di seguito ho posto l'attenzione su alcuni video pubblicati in rete che vedono protagonisti assoluti i bambini. I filmati in questione sono solo una minuscola parte dell'enorme materiale reperibile nelle varie piattaforme social. La mia scelta è ricaduta verso quelli diventati virali che hanno generato emulazione. Un video diventa virale quando, in brevissimo tempo, riceve tantissime visualizzazioni, viene condiviso da altri e riceve consenso da parte del pubblico social e non solo. Alcuni filmati diventano un vero e proprio fenomeno mediatico approdando in tv, commentati nei talk show e proiettati al telegiornale. Siano essi contenuti divertenti o drammatici. Inoltre assistiamo ad un vero e proprio fenomeno di emulazione ed imitazione. Pertanto, il video che diventa virale sarà duplicato da altri in varie versioni con diversi protagonisti e diverse ambientazioni. In questo caso non vi è né plagio né contraffazione ma tutto è permesso, tutto si può fare. "Entreremo", quindi, in alcuni filmati cercando di capire gli effetti che essi avranno a medio e a lungo termine nella sfera psico-affettiva del bambino e in quella sociale.

Anche un uovo può diventare "virale".

A dir poco aberranti i video che girano in rete con protagonisti bambini, alcuni anche molto piccoli. Si tratta, ad esempio, di scene girate in una cucina dove c'è una mamma che amorevolmente rende partecipe il proprio bimbo nella preparazione di un dolce. Fin qui tutto ok, cosa c'è di più tenero ed entusiasmante per un piccino che la sua mamma lo coinvolga nella preparazione di un dolcetto, che poi di lì a poco mangerà? E sappiamo quanto i bimbi siano golosi.

L'aberrazione nasce però dal momento in cui la dolce mammina senza pietà batte l'uovo affinché ovviamente si rompa sulla fronte del proprio bambino, il quale ovviamente avverte dolore e soprattutto spavento, perché è colto di sorpresa. Il video continua poi tra il riso incontenibile della madre, incurante tra l'altro di ciò che sta provando il bambino in quell'istante ed il piccino che scoppia in un incontenibile pianto. Ma di questo sua madre pare non preoccuparsi, troppo divertita dalla goliardia dello scherzo e dal fatto che sia, a suo pensare, ben riuscito. C'è da interrogarsi su queste madri, le quali sottopongono il proprio bambino ad uno scherzo alquanto sadico. E non bisogna scandalizzarsi del termine utilizzato perché, per definizione, esso si riferisce a chi prova piacere, si diverte a punzecchiare, a deridere, a schernire l'altro. E se qualcuno starà pensando: "Ma in fondo è uno scherzo! Cosa c'è di tanto grave? "Non dimentichiamoci che il protagonista in questione è un bambino.

Quanto siamo lontani, ahinoi, dall'idea della mamma in cucina che davvero prepara amorevolmente un dolce, dove il bimbo compie la marachella di immergervi il ditino nella crema e viene prontamente rimproverato. Dove il profumo soave di cannella si sparge per tutta casa e dove, alla fine, quella fetta di torta appaga tuti i sensi e non solo il palato. I piccini vanno rispettati! E, forse, quell'uovo andrebbe battuto sulla ciotola e non di certo sulla sua testa. Il video viene quindi pubblicato istantaneamente sebbene l'ilarità della mamma strida, non poco, con il pianto del suo cucciolo, che paradosso!

Ma quello dell'uovo è solo uno dei tanti esempi di video in cui i piccoli bimbi diventano oggetto di scherno. C'è, altro esempio, il bambino che tranquillamente va sul suo monopattino fuori casa mentre il padre prontamente, al suo passaggio, gli getta un ragno di plastica dinanzi. Ovvia la reazione del piccino il quale terrorizzato scappa piangendo mentre il padre schiamazza dal ridere.

C'è poi il piccolo mal capitato a cui il genitore porge in mano un idropulsore con l'intento di fargli spruzzare addosso tutta la potenza del getto d'acqua, il bimbo ovviamente sobbalza dallo spavento ed il genitore è riuscito nel suo scopo sadico di burlarsi di lui. Ancora, il bambino che spiega alla sorellina come il cibo diventi "cacca" entrando dalla bocca e finendo nel "po po", il tutto mimato e spiegato nei minimi dettagli, sotto le risate divertite della madre. Ci sono poi innumerevoli video di bimbi cui viene messo dinanzi un piccolo cactus che improvvisamente si muove gettando nel panico il piccolino che inevitabilmente scoppia in un pianto. Un discorso a parte meritano quei genitori che invitano i loro bambini a ripetere parolacce indubbiamente insegnate da loro, bambini a dir poco volgari sebbene "innocenti", perché la scurrilità appartiene a mamma e papà.

Il piccino non ha colpa, la responsabilità è del genitore che in quel momento non solo gli sta insegnando un linguaggio non consono alla sua età ma che addirittura si compiace di ciò. E cosa accadrà quando quello stesso bambino la parolaccia la rivolgerà al proprio genitore? Beh, poi gli si dovrebbe andare a spiegare che… non si dice? Mi dispiace ma a questo punto sarà difficile rieducarlo in tal senso. Oppure dovremmo dire lui:

"Insomma le parolacce le puoi usare con tutti, ma non con noi che siamo i tuoi genitori!" E, quindi, passargli il messaggio che il rispetto e l'educazione è rivolto solo ad una stretta categoria di familiari ed amici. Insomma, è davvero inquietante tutto lo sfalsamento educazionale che ne deriva.

Esselunga

Oramai tutti siamo a conoscenza del dibattito scaturito dopo la messa in onda dello spot pubblicitario di questa nota catena alimentare. Ne hanno parlato in ogni dove psicologi, sociologi, opinionisti. Non entrando nel merito dello spot in sé, ma dello spunto che ha dato a numerosi genitori per girare il proprio video ed accaparrarsi qualche follower in più. I video-parodia sono dei più svariati, c'è sempre e comunque una bambina protagonista che porta al suo papà o la sua mamma un dono da parte dell'altro coniuge. Dalla pesca alla mela, dal cioccolatino al barattolo di nutella.

Ma i video più aberranti sono sicuramente quelli in cui i papà consegnano alla propria bambina una zucchina gigante da donare alla mamma. Con un indubbio ed osceno doppio senso, ancora una volta prestano i loro bambini a questo degrado. I protagonisti sono bambini che forse non comprendono il senso di quel video, ma che di lì a breve si confronteranno con i loro coetanei e ne capiranno il significato. Questi bambini cresceranno, quel video resterà in rete e forse qualche compagno/a potrà utilizzarlo per schernirlo. Ma se proprio volessimo fare un analogismo, più che alla verdura direi che siamo arrivati alla "frutta".

Ma che esempio stiamo dando a questi bambini? Quale idea distorta della realtà gli stiamo offrendo? Forse l'idea di un duplice mondo: quello delle regole da utilizzare rigorosamente verso tutto ciò che è istituzionale, quindi la scuola, lo Stato ecc.. Ed un mondo virtuale dove tutto è lecito, dire parolacce, offendere, deridere, calunniare. In questi universi paralleli il bambino per conseguenza appare smarrito, confuso, in parola povere si chiederà:

"Insomma, ma io le parolacce le posso dire oppure no? Perché sui social mamma e papà me lo fanno fare liberamente, però quando le dico alla zia oppure a scuola me le danno a suon di ceffoni?".

Immaginate la confusione che si genera nel piccolo, diviso tra due realtà ognuna regolamentata in maniera diversa e diametralmente opposta.

Terrore in ascensore

Questo video ha catturato la mia attenzione perché credo sia veramente ripugnante vedere fino a dove si possano spingere alcuni genitori. Il video in questione è girato in un ascensore, il protagonista dello scherzo mostruoso è un bimbo di circa sei o sette anni. Al piccolo malcapitato viene fatto credere che l'ascensore si sia bloccato. La scena che ne consegue è da far accapponare la pelle, il bambino visibilmente terrorizzato che si dimena e piange a dirotto. Si china in terra disperato, in preda al panico. Tutto ciò sotto gli occhi del cameraman che gira il video, possa essere un genitore o uno zio, sempre di un adulto trattasi. Anche in questo caso parliamo di un gioco sadico dove lo sgomento del bambino è palpabile e nettamente dissonante con l'indifferenza di chi assiste inerme a quella scena.

Evitando di elencare tutta una serie di aggettivi che potrebbero descrivere colui che ha prestato quel bambino a questo scempio, limitiamoci a capire le motivazioni che l'hanno spinto a farlo. Ovviamente sono mere congetture perché non conosciamo questi tali, ma possiamo ancora una volta ipotizzare che la speranza fosse che il video diventasse virale, cosa che poi è successa. Milioni di visualizzazioni ottenute in poco tempo. Anche a questo bambino, di cui ovviamente non conosciamo l'identità, daremo un nome di fantasia, lo chiameremo Marco. Possiamo ipotizzare che il Marco adulto soffrirà di claustrofobia, in quanto una delle cause dell'esordio di tale disturbo può essere legata ad episodi traumatici. E non è forse essere rimasti bloccati in un ascensore uno di quelli? Ma, oltre alla paura degli spazi chiusi ed angusti con cui Marco dovrà fare i conti, c'è un altro aspetto da non sottovalutare, la fiducia. Perché se il piccolino ha vissuto l'esperienza traumatica di uno scherzo da parte di un adulto verso cui riponeva fiducia è evidente che diverrà un adulto diffidente, restio ad abbandonarsi facilmente "all'altro".

Una volta elencate le possibili e concrete conseguenze di tale scherzo, c'è da chiedersi se in esso vi sia del positivo. Pur volendo fare uno sforzo, non se ne intravedono tracce. Resta solo la compassione verso il bambino e la speranza che qualcuno possa soffermarsi a riflettere. Infine non bisogna dimenticare l'effetto che quel video avrà su Marco quando, da adulto, comprenderà che quelle paure che lo attanagliano altro non sono che le conseguenze di quello scherzo.

Baby privacy

Come già ampiamente sottolineato, la pubblicazione di foto e video in rete avviene senza il consenso dei piccoli protagonisti, ancora ignari di quali saranno le future implicazioni e conseguenze. A questo punto è lecito chiedersi: "Ma i bambini hanno diritto alla privacy?" L'Italia in materia di consenso digitale si è espressa fissandone l'età al compimento del quattordicesimo anno. Ma tutti sappiamo benissimo che il panorama di bimbi piccolissimi in rete è vastissimo.

Posto quindi che un genitore che pubblichi una foto o un video del proprio bambino senza il suo consenso sta commettendo un illecito, è molto probabile che quest'ultimo una volta adulto rivendichi questa frode subita. Non sono poche nel nostro Paese le pronunce giurisprudenziali che si sono espresse in merito. Sono molti i ragazzi che, dopo aver cominciato a navigare autonomamente in rete, hanno scoperto la vastità di materiale pubblicato che li ritraeva. Alcuni di loro hanno esposto denunce per violazione della privacy. Tra questi figli magari ci sarà Francesca, la quale ancora a distanza di tempo rilegge quei messaggi malevoli su di lei e ne soffre. Forse la poverina deve ancora fare i conti con quei giudizi che hanno gravato così tanto sulla sua vita. Ma oltre lei ci può essere l'ex bambino un po' in sovrappeso che anni prima fu preso di mira con commenti del tipo:

"Sembri una damigiana! Ma quand'è che mettete a dieta questo bambino?".

Oppure alla piccina più esile cui hanno detto:

"Sembri uno sfilatino senza mollica".

Ognuno di loro avrà la propria ferita che, piccola o grande che sia, gli è stata inflitta gratuitamente. Perché in fondo era solo un bambino e non un fantoccio di pezza senza un'anima. Ma c'è da interrogarsi: davvero è necessaria una legge per arginare questo fenomeno? Leggi che, tra l'altro, già esistono ma che non sempre sono rispettate. Perché ipotizzare che il solo pagamento di un ammenda possa servire da deterrente per alcuni genitori? Purtroppo viviamo in una società fatta di regole e divieti, dove magari la cintura di sicurezza si indossa solo prima di un posto di blocco per evitare di perdere punti sulla patente e non perché ci salvi la vita.

La vera democrazia è social

E se, parlando di democrazia, dovessimo elencare tutte le bellezze che questa definizione racchiude, non basterebbero le parole. Ci possiamo provare associandola ad un'altra: libertà. Perché la magnificenza della democrazia, il suo fulcro, risiede proprio nell'aver reso le società che l'hanno adottata finalmente "libere".

Per noi occidentali è davvero un vanto poter dire di vivere in un Paese in cui siamo liberi di pensare, parlare, esprimerci, aggregarci, professare una religione e tanto altro. Fatta questa breve premessa, ecco che il mondo dei social incarna perfettamente tutto ciò. La Democrazia è altresì inclusione, perché permette a tutti di potersi esprimere nella propria unicità, senza esclusione di nessuno. In rete tutto è possibile, perché può accedervi chiunque, non c'è bisogno di requisiti, men che meno di una raccomandazione. Il mondo dei social quindi è l'espressione di tutte le libertà, persino di quelle su cui si dibatte ancora. Perché su una piattaforma veramente tutti hanno diritto di parola! E se prima, per le persone comuni esprimere un pensiero dissonante da quello vigente significava scrivere una "lettera aperta" ad un giornale ed avere la fortuna che quest'ultima fosse pubblicata, oggi con i social è tutto estemporaneo ed immediato. Con un solo click ci si connette ed interagisce con una moltitudine di persone.

Posto quindi che l'accesso è libero così come i suoi contenuti, la stessa libertà viene data ai più piccoli. Ma è su questo eccesso di "non regole" che dobbiamo porre l'attenzione e cioè sul fatto che i bambini siano spesso impropriamente strumentalizzati. In quanto alle norme, è acclarato che esse non siano rispettate, perché di minori di tredici anni (l'età stabilità per l'accesso ai social network) ce ne sono a iosa. Basta scarrellare un po' nelle varie piattaforme e rendersi conto di quanti bambini già neonati e di tutte l'età compaiano nei vari contenuti. In quanto alla strumentalizzazione, appare evidente che il bambino diventi un veicolo attraverso il quale una pagina social acquisisce popolarità.

Il potere della persuasione

Nell'era quindi dei cosiddetti influencer, ossia di coloro le cui doti indiscutibili sono in grado di indirizzare scelte materiali e/o etiche del proprio pubblico, non possiamo non considerare quanto, in questo, la persuasione abbia un ruolo centrale. Influenzare le persone è pur sempre una sorta di manipolazione. Avere la capacità attraverso un social media di veicolare gli utenti sull'acquisto di prodotti non è una capacità di tutti. Perché se è vero che la capacità di persuadere si possa anche imparare con tecniche di cui ne è piena la rete, è pur vero che taluni soggetti queste doti le abbiano innate. Ma la persuasione può divenire un'arma letale se è usata male, oppure usata per scopi malevoli. Basti pensare alla capacità persuasiva di tanti dittatori, di epoche passate e presenti, che hanno "condizionato" pensieri e reclutato adepti. Per citarne solo uno: Hitler, il quale riuscì a reclutare masse e alle stesse riuscì infine a manipolarne i pensieri. Un'abilità spesa ovviamente nel peggiore dei modi.

Ordunque, nella miriade di video in cui i protagonisti sono bambini, è inevitabile che ci si guardi gli uni con gli altri, che si facciano paragoni, che si cerchi di imitare. Nasce poi la competizione, perché una pagina ha più seguaci di un'altra o perché i suoi video ottengono più visualizzazioni e via discorrendo. Ad un tratto è come se gli influencer si influenzassero tra di loro in un "gioco a catena" dove il piccolo è sempre il protagonista. E se il premio finale è il like in più, forse per un bambino una ghiotta fetta di torta sarebbe bastata ad essere felice.

Perché vedete, il bambino non ha ancora contezza del successo, né tanto meno della popolarità. Basti pensare alla classica recita della scuola o della parrocchia, tra tantissime persone il bambino dal "dietro le quinte" sbircia solo se ci sono mamma e papà, perché è soprattutto per loro che vuole esibirsi. E se è inevitabilmente gratificato dagli applausi di tutto il pubblico presente, quelli che arriveranno al suo cuore saranno sempre quelli dei suoi genitori. Ecco perché al piccolo poco importa dei followers o dei likes, ma osserva la gioia che mamma e papà provano nel riceverli ed è questo a generargli felicità, non il like in sé. In altre parole gioiscono nel veder gioire i propri genitori, altresì comprendono che di quella gioia ne sono gli artefici.

Ecco perché bisogna spesso leggere tra le righe, perché dietro il loro apparente piacere nel girare quei video potrebbe celarsi solo un loro bisogno di approvazione. Il bambino, sin dalla più tenera età, cerca approvazione dai suoi genitori, cerca in ogni modo di compiacerli anche se deve fare qualcosa che non gli piace. Il classico esempio è quando il bambino pur non avendo appetito mangia anche malvolentieri perché sa di far felice la propria mamma, oppure quando canta la sua canzoncina preferita se pur l'abbia già cantata mille volte. Si presta anche a ciò che non vorrebbe fare. Ma il desiderio di approvazione può divenire disfunzionale nel momento in cui esso diviene asfissiante. Il bambino, quindi, nella spasmodica ricerca dell'approvazione di mamma e papà perderà di vista la sua stessa natura e cioè: "chi sono e cosa mi piace veramente".

L'autoriconoscimento ne sarà minato ed il bambino tenderà anche da adulto a ricercare negli altri l'approvazione. Una ricerca perpetua con esito non sempre positivo, perché lo sappiamo che non potremo piacere a tutti sia per come siamo sia perciò che facciamo.

Giornata-tipo di una classica family influencer

Ho provato ad immaginare una scena di vita quotidiana di una famiglia qualunque, dove c'è una madre, un padre ed una bambina. La mia famiglia immaginaria è molto social, seguitissima dai suoi followers e, in linea di massima, molto amata dal suo pubblico. Ho immaginato che abbia un account divenuto popolare grazie ai numerosi video divertenti dove la bimba sia protagonista. Infine ho ipotizzato e fantasticato su una loro giornata-tipo, su come una famiglia social viva la sua quotidianità. Premetto che le mie siano semplici congetture ma non troppo lontane da una possibile realtà. Allora cominciamo dal mattino, la famiglia Rossi si sveglia, fa colazione e, mentre la bambina si prepara per andare a scuola, ecco che mamma prontamente gli ricorda:

"Mi raccomando amore! Oggi non fermarti a parlare con le amiche! Non scordarti che dobbiamo fare il video! Hai ancora qualche incertezza su quel passo di danza quindi dovresti fare ancora qualche prova!".

"Ok mamma! Tranquilla me lo ricordo!"

Ma Giulia, all'uscita di scuola, come tutte le bambine dimentica l'impegno preso con la madre. Lo dimentica forse perché per lei non è tanto importante. Sicuramente le diverte girare video, aver compreso di essere diventata famosa, ma è distolta dal piacere di restare con i compagni a scherzare e divertirsi. In pratica, dovendo essa stessa dare una priorità, senza dubbio passare del tempo con i compagni di scuola occupa una posizione primaria. Alla fine Giulia, in netto ritardo sulla "tabella di marcia" che scandisce gli impegni di una baby tiktoker, rientra a casa. Ad attenderla la madre visibilmente infastidita la quale esordisce:

"Eppure ti avevo raccomandato di non tardare! Sapevi quanto fosse importante! Ora fai in fretta a consumare il pasto così cominciamo a provare!".

Giulia, visibilmente mortificata, risponde alla madre: "Hai ragione, scusami!".

La piccina mangia rapidamente ed accende la tv visto che è l'ora del suo cartone preferito, quello tanto amato. La madre non appena si accorge che la bimba sta perdendo tempo non può fare a meno di intervenire!

"Giulia, cosa fai? Ma capisci che siamo in ritardo? Dobbiamo ancora aggiustare i capelli! E poi il trucco!" E Giulia risponde:

"Ma ti prego mamma il cartone sta per finire! Dammi solo qualche minuto ti prego!".

La madre, visibilmente seccata, le concede questo privilegio. Poi Giulia si veste, la madre pensa ad abbigliarla, truccarla e, dopo aver provato e riprovato il balletto, è finalmente tutto pronto. La bimba comincia a danzare e lo fa anche molto bene, perché Giulia ama danzare, esprimere l'arte nella sua bellezza e non per il gusto di farsi guardare. Diciamo che le piace anche essere acclamata sui social, ma questo non è ciò che le dà più gioia. Il vero piacere per lei ha inizio già quando indossa il suo tutù e sulle note di una dolce melodia classica, estraniandosi dal mondo, sfiorando dolcemente il pavimento sulle punte. Danza, danza, danza. Ma dopo aver sognato, perché per Giulia è anche questo, ecco che immediatamente il video viene pubblicato e già mentre la bambina è in doccia la madre le urla da lontano che il video sta "spaccando" e che già sono tantissimi i likes e le visualizzazioni. Giulia a fine giornata è contenta, ha comunque ricevuto approvazione sia dai genitori sia dal suo pubblico, a conferma di quanto sia brava ed apprezzata. Si addormenterà sfinita, sognando di danzare, un giorno, nei più grandi teatri del mondo. Perché sognare ci sta ed è giusto farlo in grande. Ma ora proviamo ad immaginare qualcosa che purtroppo avviene e non tanto di rado, cioè raccogliere critiche spietate del web. Proviamo a pensare se Giulia, dopo aver subito i rimproveri della madre per aver tardato, dopo avere visto il cartone non con tanta tranquillità, dopo ore di prove estenuanti abbia ricevuto solo una piccola manciata di likes. Oppure che tra i commenti fosse spuntato il solito "odiatore" che le abbia detto:

"E tu pensi di ballare? Ma ti sei vista quanto sei goffa?". Diciamo che ho immaginato un commento mediamente offensivo, perché in rete c'è molto di peggio, credetemi. A questo punto Giulia sarebbe ferita, demoralizzata, sfiduciata, arriverebbe forse a mettere in discussione le sue reali capacità artistiche. Se di converso invece le avessero detto:

"Quanto sei brutta! Ma ti sei vista allo specchio?" beh, avrebbero fatto centro lo stesso! Perché la bambina si sentirà ferita ed inadeguata. Insomma, di qualunque genere sia l'offesa, Giulia penserà che quel commento lo hanno letto non solo mamma e papà ma forse anche gli amici e ancor peggio magari il ragazzino che le piace. Ecco quindi che il tutto si amplifica ed un dolore si espande all'ennesima potenza. Ecco come, una critica così sovraesposta, possa arrecare un dolore indicibile a chi la subisce. Esporre quindi un bambino alla "gogna mediatica" significa dimenticare la sua stessa natura. Quella di essere, per l'appunto, un bambino.

Sulla pedopornografia

Un altro aspetto sul quale bisogna porre l'attenzione è quello legato alla pedopornografia. Posto che tutti sappiano chi sia un pedofilo, forniamo ugualmente la definizione che ne dà la Treccani. Essa recita così: "devianza sessuale che si manifesta con azioni, ricorrenti impulsi e fantasie erotiche che implicano attività sessuali con bambini prepuberi". Definita anche come la "peste sociale del terzo millennio", ossia come una piaga sociale da cui doversi difendere e al tempo stesso da dover combattere. Essa, negli ultimi decenni, ha assunto connotazioni ancor più inquietanti, soprattutto dopo la nascita di internet. Da quel momento in poi, proprio come una setta in cerca di adepti, questi soggetti si sono aggregati tra loro e, come si direbbe in gergo, hanno cominciato a fare squadra. E così come avviene per ogni qual si voglia hobby o passione (perdonate l'analogia), sono nati gruppi per lo scambio di materiale pedopornografico. Gruppi ovviamente ben criptati che spesso sfuggono alle stesse forze dell'ordine, le quali lavorano incessantemente per individuarli.

Se prima il pedofilo agiva da solo e da solo adescava la sua vittima, oggi ha la possibilità di essere aiutato o comunque facilitato. Riflettiamo quindi anche sul fatto che oggi questi soggetti, attraverso la rete, trovano anche la conferma di non essere i soli. E che se quindi in passato non avevano molte possibilità di confrontarsi con i propri "simili", oggi ne hanno. Infine se prima "forse" e sottolineo "forse" avrebbero potuto avere un benché minimo rimorso o presa di coscienza nel sentirsi sbagliati e malati, oggi questo non avviene più. Perché la rete offre loro una duplice possibilità, quella di essere riconosciuti e quella di essere implicitamente autorizzati. Perché nella moltitudine di soggetti uguali ne consegue l'identificazione "io non sono malato perché ce ne sono tanti altri come me", "lo posso fare perché lo fanno tanti altri".

Tutto ciò ha dunque portato ad un aumento esponenziale del fenomeno ed a renderlo, altresì, difficilmente arginabile. La rete offre a questi soggetti sia la possibilità di scambiarsi tra loro materiale pedopornografico, sia quella di poter adescare in rete le loro vittime. È acclarato che i genitori vivano nel terrore della pedofilia e che mettano in guardia i propri figli sin da piccini. Perché le insidie sono molte ed il bambino non ha gli strumenti per sapersi difendere da solo.

Il piccino non è ancora bene in grado di discernere il bene dal male e, talvolta, un'attenzione "speciale" di un adulto la interpreta come un gesto di affetto. Ma in questo sono deputati i loro genitori i quali devono mettere in guardia sin da piccini i loro figli. "Non fidarti di nessuno" è un monito giusto e legittimo ma deve essere, poi, coerentemente avvalorato da altri comportamenti come, ad esempio, non essere sovraesposto in ogni dove. Perché nel momento in cui proliferano in rete foto e video di un bambino, bisogna mettere in conto che esse possano cadere nelle mani di gente poco raccomandabile che ne potrebbe fare un uso improprio. E non ditemi che non ci avete pensato! È acclarato che il materiale pubblicato in rete sia diffuso senza "permessi" a chiunque ed ovunque. È probabile che la foto del vostro bambino sia stata guardata da followers di tutto rispetto ma non è da escludere che essa sia già stata screenshottata e finita nelle mani sbagliate. Non possiamo fare come gli struzzi, la realtà è questa.

Ordunque, in tal senso, appare evidente l'enorme responsabilità di tutti i genitori. Occorre riflettere, prendere coscienza ed indietreggiare un po'. Sull'intelligenza artificiale, per esempio, quanti di voi hanno ipotizzato sull'uso che se ne possa fare? Come oramai ben noto, essa è apparsa alle luci della ribalta, da alcuni osannata e da altri demonizzata. Limitiamoci in questa sede a cogliere solo gli aspetti pertinenti al nostro tema.

Dunque, con l'utilizzo dell'intelligenza artificiale oggi si è in grado di "animare" una foto, farla parlare in tutte le lingue e soprattutto farle dire ciò che vogliamo. Ecco quindi che una foto del vostro bambino rischia di diventare "altro" da ciò che è. E non è per nulla difficile. Esistono già numerose applicazioni di semplice utilizzo ed alla portata di tutti. Si scarica l'app, si inserisce una foto, si scrive un testo ed ecco che in pochi secondi la foto di "babbo Natale"(mettiamola così) elencherà ai vostri bimbi tutti i doni che riceveranno (se faranno i buoni, ovviamente). Se l'intelligenza artificiale viene a fare da cornice ad una realtà già molto allarmante, non si può fare più come gli struzzi e mettere la testa sotto la sabbia. Bisogna quindi essere coerenti ed annoverare, tra le insidie della pedofilia, anche e soprattutto quella della sovraesposizione in rete. Bisogna considerare che la quantità di materiale pubblicato ritraente bambino sarà direttamente proporzionale al rischio a cui lo si sta esponendo. Riflettete, ve ne prego!

E proprio come una ragnatela composta da fili sottili che il ragno tesse per catturare la sua preda, allo stesso modo la rete dei social è evidentemente insidiosa e subdola. Posto che i pericoli per chi accede nelle varie piattaforme sono tanti e che quindi solo l'uso consapevole potrà arginare tali insidie, non possiamo non parlare ancor più dettagliatamente dei suicidi le cui cause sono avvenute a causa del cyberbullismo. Divenuto quest'ultimo una vera e propria piaga sociale che miete vittime alla stessa stregua di altre, alcune volte può diventare letale, altre può semplicemente ferire lasciando però cicatrici indelebili. E se tutto oramai è sovraesposto e condiviso in rete, dal pranzo al ristorante alla vacanza, dal funerale al battesimo, ciò che appare ancora più raccapricciante è l'avere assistito addirittura ad un suicidio in diretta.

A Bologna un notissimo tiktoker di soli 23 anni, vittima di cyberbullismo ha deciso di togliersi la vita, e già questa è di per sé una notizia agghiacciante. Ma la cosa più inquietante è che abbia deciso di farlo in una diretta social. Nella sua stanza per fortuna al buio, evitando ai followers che erano in video almeno lo strazio delle immagini, si è suicidato perché vittima di una calunnia riversata sul suo conto. Inutili e vani i tentativi dei seguaci i quali, naturalmente, hanno cercato in tutti i modi di dissuadere il ragazzo dal compiere l'insano gesto. Tutto ciò appare paradossale, sembra più una scena di un film horror che la realtà, ma questo è ciò che sta avvenendo. La preoccupazione deriva anche dal rischio che possa diffondersi un fenomeno di emulazione. Perché se qualcuno possa pensare che il suicidio interessi solo gli adulti si sbaglia di grosso. Esso, sebbene in minor parte, interessa anche i bambini. Questi ultimi, però, hanno l'aggravante di essere più fragili e poco strutturati.

L'emulazione per loro è più diffusa, basti pensare a tutti quei bambini che cercano di volare perché il loro supereroe ci riesce o, come Spiderman, di potersi arrampicare ad una parete. Citiamo solo due casi: Alessandro Cascone, un bambino di soli 13 anni di Gragnano, un comune della provincia di Napoli, suicidatosi perché vittima di bullismo. Carolina Picchio di Novara, 14 anni, vittima suicida di cyberbullismo. Senza entrare nelle storie e nelle ragioni che hanno spinto due bambini cosi piccoli a compiere un gesto così estremo, ricordiamoci che questi fenomeni rischiano di diffondersi. Ecco perché appare chiaro e legittimo invitare i genitori a vigilare e monitorare costantemente i bambini non solo sulla loro vita reale ma ancor di più su quella virtuale. Altresì, appare evidente che sovraesporli in ogni dove ed in ogni maniera non faccia altro che aumentare i rischi che i loro piccoli possano diventare vittime di cyberbulli. Perché tra il bulletto di paese che rubava la merendina al suo compagno e il bullo di oggi capace di vessare, calunniare ed istigare al suicidio ne è passata di acqua sotto i ponti.

Bisogna essere consapevoli che ciò che pubblichiamo oggi in rete sui nostri figli può divenire arma letale nelle mani di persone senza scrupoli. Allora chiediamoci se ne vale veramente la pena, se "il gioco social" vale la vita.

Conclusioni

Alla luce di tutto ciò possiamo addurre che, sebbene nell'era dei social network gran parte della propria vita si consumi in una "live" e che tutto sia estemporaneo e fugace, fare qualche passo indietro sia un percorso alquanto irto. Questo libro ha posto l'attenzione sul bambino, essendo un soggetto fragile e da difendere. Difatti, l'Assemblea Generale delle Nazioni Unite nella Convenzione sui Diritti dell'infanzia il 20 Novembre del 1989 ha sancito che: "Ogni bambino ha il diritto di crescere sano ed in condizioni di sicurezza, di sfruttare il suo potenziale, di essere ascoltato e preso sul serio".

Dunque è da oltre 30 anni che il bambino viene considerato a pieno titolo un individuo libero di poter esprimere le proprie opinioni. L'articolo 34 della Convenzione recita così: "I bambini hanno diritto di essere protetti da tutte le forme di sfruttamento, abusi e violenze". Basterebbe solo rileggere queste poche righe per potersi ridestare dal sonno nel quale molti di noi riversano. Posto, quindi, che ogni genitore abbia la piena responsabilità sul proprio bambino, è suo dovere proteggerlo e preservarlo da tutte le insidie cui il piccolo può incorrere, come ravvederlo dal non accettare "la caramella" da uno sconosciuto o un passaggio in auto, alla stessa stregua dovrà metterlo in guardia dai pericoli presenti in "rete". Ma se un genitore, prima di aver letto questo libro non aveva consapevolezza di quali rischi e pericoli attentassero alla vita dei loro piccini, ora ne è più cosciente. Sarà proprio da qui che potrà cambiare qualcosa, perché mamma e papà potranno fare la differenza… la dovranno fare!

Cambiando approccio verso le circostanze, vigilando in maniera più oculata, vietando l'accesso ad alcune piattaforme ed evitando di rendersi complici di questi "giochi" subdoli e deleteri. Allora sì che potrà cambiare lo scenario. Finalmente i bambini potranno svestirsi di quegli abiti che forse gli stanno stretti, le bambine potranno mostrare i loro simpatici capelli arruffati, le loro labbra rosa e non tinte di rosso. Altresì, i maschietti potranno sentirsi liberi di andare a danza e non tenere un pallone tra le mani perché fa "macho". Finalmente non dovranno misurarsi perpetuamente con un like in più o una visualizzazione, non dovranno sentirsi brutti perché glielo dicono in tanti oppure buffi perché altrettanti ridono di lui.

Proteggere il bambino significa soprattutto questo, lasciarlo libero di esprimersi nella sua unicità e diversità e non avere fretta di doverlo esporre a critiche e giudizi, perché per quelle ci sarà tempo. Lasciamo che egli viva la sua età, senza fargli bruciare le tappe, senza forzature. Ci sarà un tempo per ogni cosa, per indossare la scarpa col tacco, per colorare le labbra, per indossare la cravatta. Mamma e papà saranno con loro durante tutto il percorso che li conduce alla vita adulta, dove finalmente saranno capaci di fare scelte e prendere decisioni. Fino ad allora, però, il compito dei genitori sarà solo quello di preservarlo da tutti i mali possibili, con coscienza e responsabilità. E se questo libro ha permesso anche ad un solo genitore di riguardare le proprie convinzioni in merito, ne è valsa la pena scriverlo.

Toc toc posso entrare?

Non potresti, ma ti ci faccio accomodare!

Allora quindi non sarebbe permesso?

Perché allora mi ci fai entrare lo stesso?

Ma dai non farmi tante domande, entra qui... non ci sono serrande

Ma ne sei certo? Guarda che io sono un bambino!

Sì è vero non potresti, ma qui i documenti non sono richiesti!

Oh! Che bello allora posso? Pur non essendo grande e grosso?

Ora si che posso fare, tanti video e foto da pubblicare!

Qui nessuno mi controlla anche se c'è tanta folla.

Ballo, canto, rido e scherzo. Anche in mezzo al pettegolezzo

A volte mi danno del cretino, dimenticando che son solo un bambino.

A volte mi dicono che son bruttino... che sembro un cane, un barboncino!

Ho pianto a dirotto, ci son rimasto male, ma poi mamma e papà mi son venuti a consolare.

Mi hanno detto che è normale, che qui dentro c'è anche qualche animale.

Il "leone da tastiera", così lo hanno chiamato ed io solo al pensiero mi sono spaventato.

"Lui non morde", mi ha detto mamma..." ed ora vai a fare la nanna".

Toc toc: posso uscire? Io qui dentro rischio di soffrire.

Credevo solo di giocare, invece i leoni mi vogliono sbranare.

Vi prego voi grandi non dateci il permesso ma anzi... fortemente... vietateci l'accesso!

Ringraziamenti

Ringrazio la mia maestra, la quale un giorno a scuola mi chiuse la bocca con del nastro adesivo, perché non tollerava che parlassi tanto. Grazie a quella bocca serrata in malo modo ho trovato poi il coraggio di ribellarmi a quell'oltraggio ed ho iniziato a "liberare" tutti quei taciuti.

Ringrazio alla stessa maniera ogni singolo individuo che ha tentato in qualche modo di tarparmi le ali, cercando altresì di rallentare la mia crescita personale.

Ringrazio inoltre ogni singolo giorno buio della mia via, perché da esso ho tratto sempre la forza e la caparbietà per andare incontro alla luce.

Ringrazio Fabio Delle Donne, che ha curato la pubblicazione di questo libro con grande maestria, oltre a creare la copertina.

Infine un ringraziamento speciale va ai miei figli, i quali hanno dato vita alle parole più belle, quelle che parlano d'amore, quelle dettate dal cuore.

INDICE